Paquets Cadeaux

Manu Block **Dominique Carrera**

dessain et tolra
10, rue Cassette - 75006 PARIS

Les auteurs tiennent
à remercier Marie-Hélène Hervieu
pour sa collaboration
à l'ouvrage.

Dépôt légal : Août 1986
ISBN 2-249-28050-8

Table des matières

Avant-propos

Faire un cadeau c'est avant tout le plaisir d'offrir, mais c'est aussi celui de recevoir. Offrir c'est surprendre agréablement, et l'emballage cadeau doit d'abord remplir cette fonction. Son rôle est de personnaliser que ce soit au nom de celui qui offre ou de celui qui reçoit. Le paquet peut laisser deviner son contenu ou, au contraire, le déguiser en jouant sur l'effet de surprise.

Un beau cadeau harmonieux, par sa forme, ses couleurs, l'imprimé du papier, le ruban, le nœud, peut avoir une plus grande valeur aux yeux de celui qui le reçoit et témoigne surtout d'une particulière attention de celui qui le donne.

Dans cet ouvrage nous vous présentons quelques exemples de paquets classiques et les techniques pour les réaliser mais également un ensemble d'idées fantaisistes et même un peu folles.

Un cadeau peut se penser longtemps à l'avance. Chaque jour, vous utilisez des conditionnements qui peuvent servir, comme des boîtes en fer, des boîtes à fromage, etc. Ne les jetez pas, gardez-les, elles pourront devenir des emballages surprenants.

Généralités

Pour réussir un paquet il faut un peu de temps et un peu de goût mais assez peu de technique car la réalisation est toujours relativement simple. Cela dépend essentiellement du choix du papier et du ruban notamment, lorsqu'il s'agit d'un paquet classique.

Si nous faisons un petit résumé des différents papiers, nous trouvons des papiers unis, brillants mats ou même nacrés, certains très sobres, à rayures souvent dans des tons bruns ou gris, d'autres enfin dont les imprimés sont très variés. Dans le cas d'un papier uni, souvent de couleur vive ou parfois noire, nous vous conseillons de choisir un ruban qui contraste avec le papier et toujours dans des tons vifs (association du rose et du bleu, du jaune et du vert). Ce type d'emballage sera plutôt destiné à des personnes jeunes ou « dans le vent ».

S'il s'agit de papier sobre ou plus fantaisie, choisissez un ruban dont la couleur rappelle un des coloris de l'imprimé du papier. Celui-ci est déjà très chargé, évitez donc le nœud. En revanche, un papier uni ou simple supporte alors un mode de pliage et un ruban plus sophistiqué. Si vous observez ces conseils simples, cela donnera à l'emballage le plus ordinaire une certaine allure, un certain cachet, mais ces conseils sont également recommandés pour des paquets un peu plus originaux que nous vous proposons plus loin.

Emballages traditionnels

Emballage rectangulaire

Les cadeaux que nous avons l'habitude de faire ou de recevoir sont relativement simples à envelopper. Mais il y a quelques règles essentielles à respecter.

1

2

Le papier ne doit pas être choisi trop épais (difficulté à obtenir une très belle finition), ni trop mince (il risque de se déchirer).

Munissez-vous d'un cutter, de préférence, ou d'un couteau de cuisine bien aiguisé pour obtenir des coupes parfaitement droites et régulières, ils sont préférables, l'un et l'autre, aux ciseaux dont les découpes peuvent être en dents de scie si la main n'est pas sûre. Un papier mal coupé peut nuire au résultat souhaité. Pour calculer la largeur du papier, comptez en moyenne deux fois et demi la largeur du cadeau. La largeur des rabats correspondent à l'épaisseur du cadeau, pas plus. Après avoir emballé la boîte, retournez-la en mettant le papier de telle sorte que ses bords soient parallèles à ceux de la boîte puis fixez-le en glissant un petit morceau de ruban adhésif double-face entre les deux bords du papier là où ils se chevauchent (*ph. 1*). Cette opération terminée rabattez les côtés aux extrémités du cadeau et ramenez-les sur le côté du cadeau (*ph. 2*). Marquez les plis du papier. Fixez-le également avec un ruban adhésif double-face (*ph. 3*).

Le ruban adhésif doit être utilisé parcimonieusement. Il se met toujours parallèlement au bord de la feuille et non en biais.

Opérez de la même façon pour l'autre extrémité du paquet.

Un très joli papier se suffit à lui-même, mais vous pouvez aussi utiliser du ruban à friser pour la touche finale. Après avoir passé le ruban dessus, en le maintenant, croisez-le dessous en tirant puis revenez sur le dessus du paquet (*ph. 4*). Maintenez le ruban serré. Faites un nœud. Il peut se faire au centre ou être décalé sur le côté selon votre goût.

A l'aide d'une paire de ciseaux faites-le friser. Prenez le ruban près du nœud entre le pouce et la lame et en le tirant vers vous (*ph. 5*). L'opération terminée vous obtiendrez un joli nœud qui finira le cadeau.

3

4

5

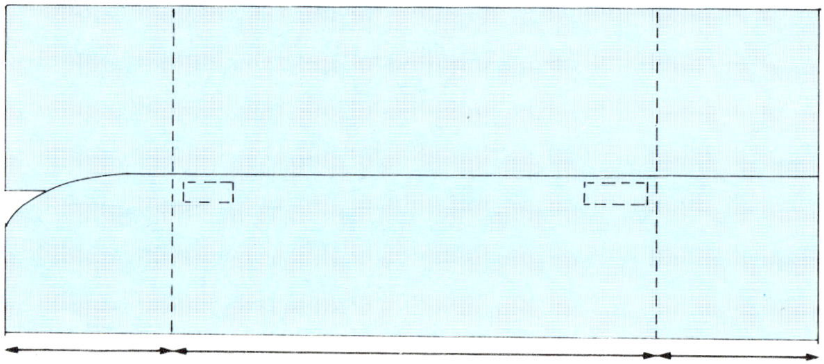

= rayon   Hauteur de la boîte

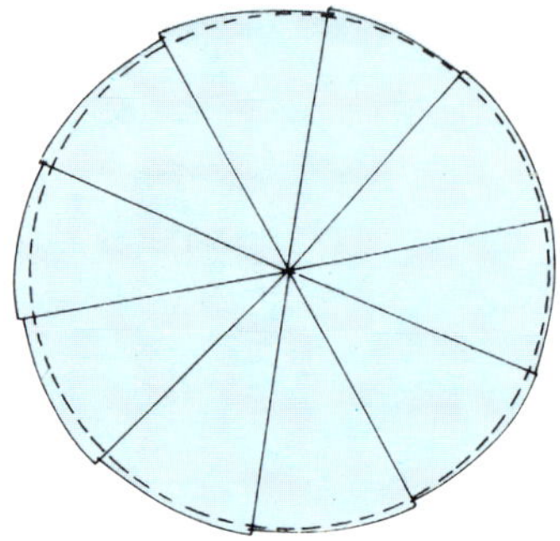

Marge de papier = rayon

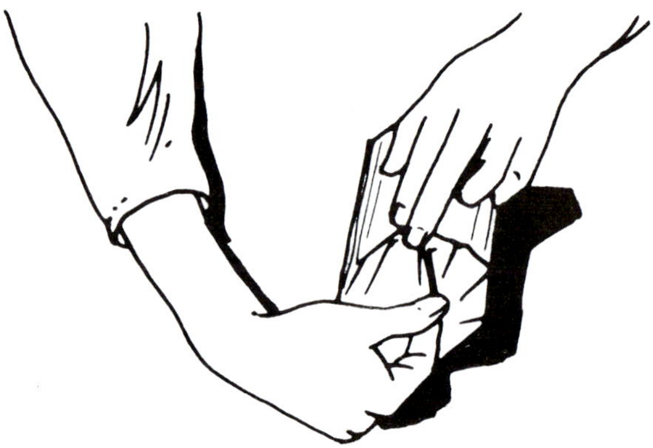

Emballage rond ou cylindrique

Les cadeaux n'ont pas toujours une forme rectangulaire. Ils peuvent être ronds ou cylindriques, ce qui accentue la difficulté de l'emballage. Le problème est surtout de fermer les extrémités avec soin. Tout d'abord, mesurez soigneusement les dimensions de la boîte. Ajoutez à la hauteur de celle-ci la dimension de son diamètre pour obtenir la largeur de papier voulue. Ne prenez pas un papier trop fin car il sera plus difficile à travailler. Coupez-le parfaitement d'équerre. Une fois la feuille découpée emballez la boîte, en fixant le papier par un morceau de ruban adhésif double-face.

Pour fermer les extrémités d'un emballage rond ou cylindrique, faites une succession de petits plis qui partent du bord vers le centre.

La difficulté réside dans la régularité des plis et leur espacement. Pour terminer, faites converger tous les plis régulièrement vers le centre. Fixez l'ensemble avec un petit morceau de ruban adhésif ou une petite étiquette. Vous pouvez également agrémenter le paquet avec un ruban d'une couleur assortie à celle du papier ou d'un ton opposé.

Les nœuds

Matériel

Le ruban à friser est sans doute celui qui est le plus utilisé, mais beaucoup d'autres peuvent convenir notamment les rubans en tissu ou même des morceaux de tissu pour pouvoir déterminer vous-même la largeur et la grosseur du nœud.

Exemple : pour un paquet de 18 cm de large prenez un ruban de 15 cm de large. Mieux encore, n'hésitez pas à jouer avec les proportions : un gros nœud sur un petit paquet et inversement.

Réalisation

Ruban à friser

Le premier nœud que nous vous proposons est fait avec un ruban à friser de 2 cm de large.

1

Enroulez régulièrement le ruban autour de vos doigts, le nombre de tours déterminera le nombre de boucles finales. Pincez le ruban enroulé par le milieu (*ph. 1*).

2

Découpez deux encoches triangulaires sur la largeur du ruban, prévoyez 2 à 3 mm, pas davantage entre les encoches.

Dédoublez un autre morceau sur une longueur de 20 cm et une largeur de 3 mm.

Nouez solidement à l'endroit de l'encoche avec ce ruban de 3 mm (*ph. 2*).

3

Prenez chaque boucle et écartez-les les unes des autres pour obtenir un nœud régulier (*ph. 3*).

Nœud en tissu

Le second modèle se fait avec un ruban en tissu d'environ 2,50 m de long. C'est à vous d'en déterminer la largeur sachant qu'un ruban très large sera plus difficile à manipuler.

Passez le ruban comme vous avez l'habitude de le faire autour du paquet en gardant d'un côté 20 cm de ruban et de l'autre une très grande longueur. Nouez-le.

1

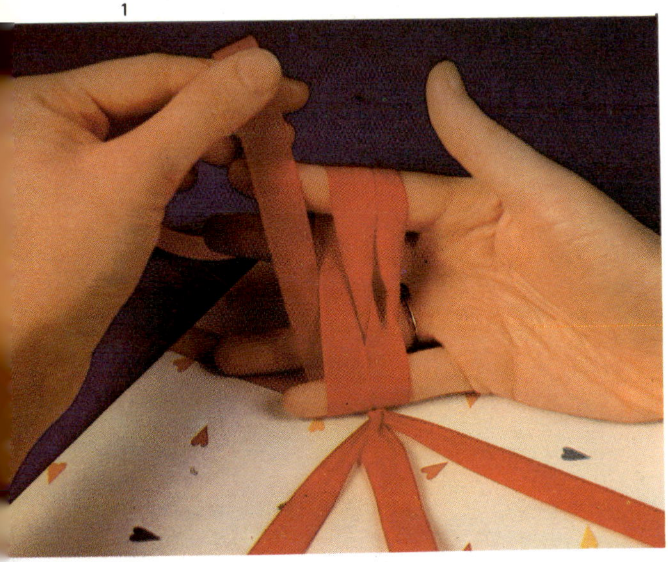

Prenez le brin le plus long à l'endroit où se trouvera le nœud, croisez bien régulièrement autour de vos doigts le ruban en forme de huit, répétez l'opération jusqu'à la fin (*ph. 1*).

2

Pincez le milieu du huit, prenez le petit côté, passez-le au-dessus des boucles, puis en dessous et glissez-le dans la boucle ainsi formée. Serrez très fort (*ph. 2*).

Disposez les boucles harmonieusement (*ph. 3*).

3

Cadeaux personnalisés

Vous connaissez cette expression : « C'est l'intention qui compte. » ? Elle s'applique aussi aux cadeaux. Quelle que soit la valeur de ce que vous offrez, la façon dont vous le faites et la présentation que vous adoptez prouvent combien votre intention est grande.

Personnaliser un emballage c'est choisir la couleur d'un papier en rapport avec celle d'un ruban, c'est ajouter une petite carte sur laquelle vous marquerez quelques mots ou simplement un prénom. C'est chercher le petit gadget qui amusera ou étonnera.

Quelques idées

- Des rubans imprimés avec des cœurs, des étoiles, des motifs écossais que vous trouverez facilement dans le commerce.
- Un papier sur lequel est imprimé le prénom.
- Un emballage de papier blanc sur lequel vous interviendrez avec des feutres de couleur.
- Des décalcomanies.
- Des petites étiquettes.

Vous pouvez bien sûr les acheter mais nous vous proposons plutôt de les réaliser vous-même, elles seront sûrement plus originales. Pliez en deux un papier assez fort. Faites un trou avec une poinçonneuse dans un coin proche du pli. Vous pouvez choisir la forme carrée classique ou encore une forme d'étoile, de cœur, de raquette de tennis si votre ami(e) pratique ce sport, un chat, etc. Si vous savez dessiner, décorez-les vous-même avec des feutres sinon découpez un motif qui vous plaît dans un magazine et collez-le sur la petite carte. Une autre possibilité est d'encoller l'étiquette avec de la colle en bombe et de la saupoudrer de paillettes. Vous pouvez obtenir ainsi des étiquettes personnalisées et à moindre frais.

Happy Birthday
VERSA
Vincent
Sophie

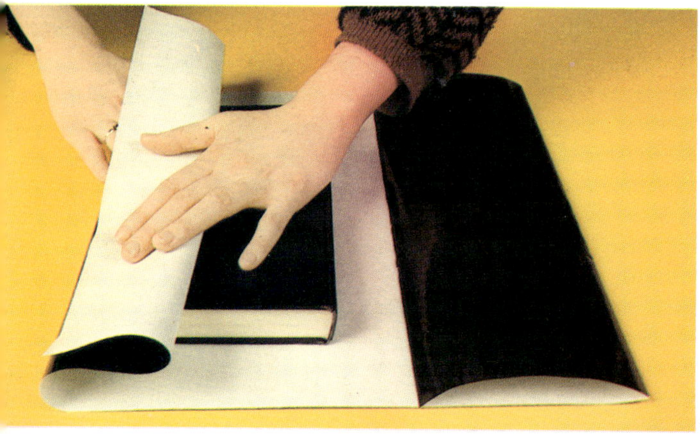

1

2

3

Smoking

Matériel

Choisissez un papier noir mat ou brillant selon votre préférence. L'autre face doit être blanche.

Avant de couper le papier, prévoyez cinq fois la largeur du cadeau. Les rabats n'ont pas besoin d'être plus grands que pour les cadeaux classiques.

Réalisation

Posez le cadeau sur la feuille du côté de la face blanche, rabattez le côté gauche et faites un pli de façon que la partie blanche soit sur le dessus, le bord de la feuille correspondant exactement au bord du cadeau. Pour maintenir, glissez un petit morceau de ruban adhésif double-face entre la feuille et le cadeau (*ph. 1*). Prenez ensuite le côté droit, faites également un pli mais en rabattant le papier à l'intérieur. Le bord du papier doit aussi correspondre au bord du cadeau. Fixez le bas, rabattez le coin gauche du haut pour former le revers du smoking. Le côté blanc du dessous apparaît alors et cela devient la chemise. Fermez les extrémités, comme pour un cadeau classique (*ph. 2*). Enfin faites avec des ciseaux une petite entaille dans le col du smoking (*ph. 3*). Pour finir vous pouvez ajouter une fleur dont la couleur tranchera sur le blanc et le noir du paquet, ou encore glissez une pochette en papier de soie dans une encoche que vous aurez prévue à cet effet.

Bourses

C'est un emballage très simple à réaliser. Vous n'aurez besoin que d'un morceau de tissu, une cordelette, un ruban ou bien encore du ruban à friser.

Il est préférable de choisir un tissu un peu lourd qui se tient bien, mais une étoffe de doublure, moins chère, peut également convenir. Les possibilités sont infinies. Suivant le tissu employé vous obtiendrez des résultats complètement différents, selon que vous utilisez du velours ou de la dentelle.

Réalisation

Découpez un cercle dans un carton rigide (les dimensions doivent être en rapport avec celles du cadeau) puis servez-vous de ce patron pour couper votre tissu. Il n'est pas indispensable de l'ourler mais cela lui donnera une meilleure finition. Faites des petits trous à intervalles réguliers et glissez la cordelette. Disposez l'objet à offrir au centre et, si besoin est, enveloppez-le de papier de soie pour dissimuler les arêtes s'il s'agit d'une forme angulaire. Il ne reste plus qu'à serrer et à nouer la cordelette.

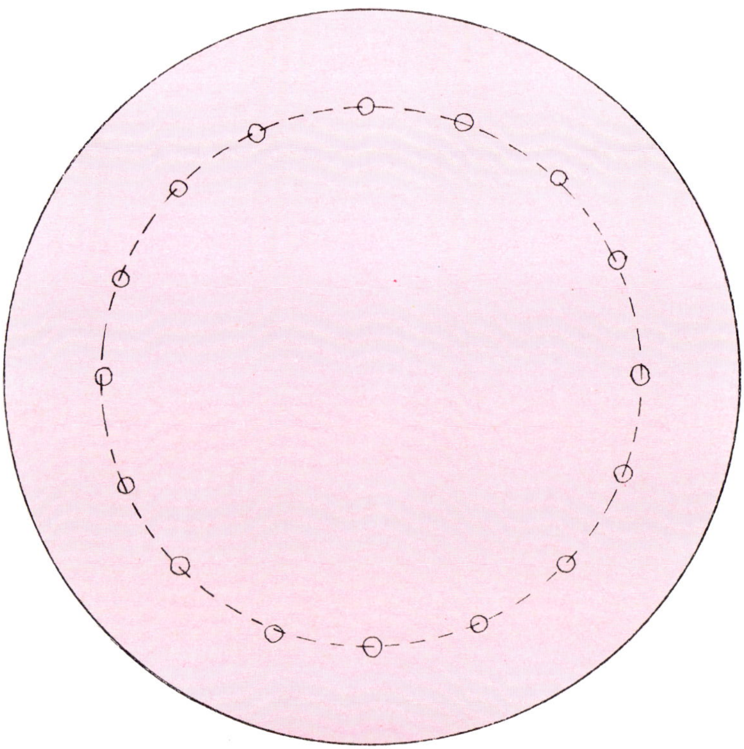

Formes géométriques

Pour changer des formes classiques comme le cube ou le parallélépipède rectangle, nous vous proposons, ici, trois plans de volumes plus originaux pour présenter des cadeaux. Vous les réaliserez dans un papier cartonné, mat ou brillant de couleur vive ou encore noir si vous désirez un aspect plus précieux. Ces formes très épurées ne demandent pas forcément de ruban mais si vous préférez en mettre un, disposez le nœud sur une des faces et non pas sur le sommet.

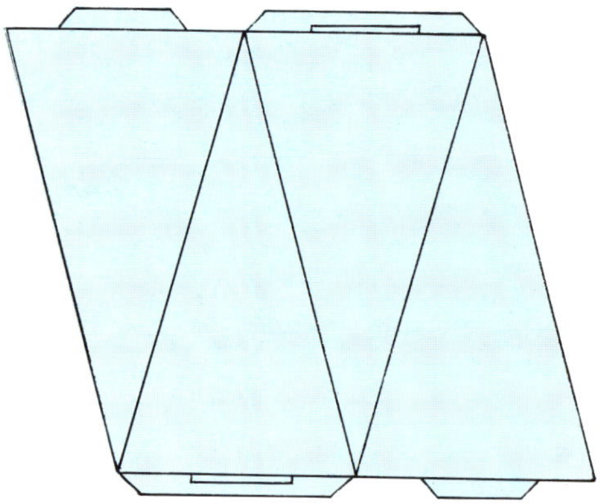

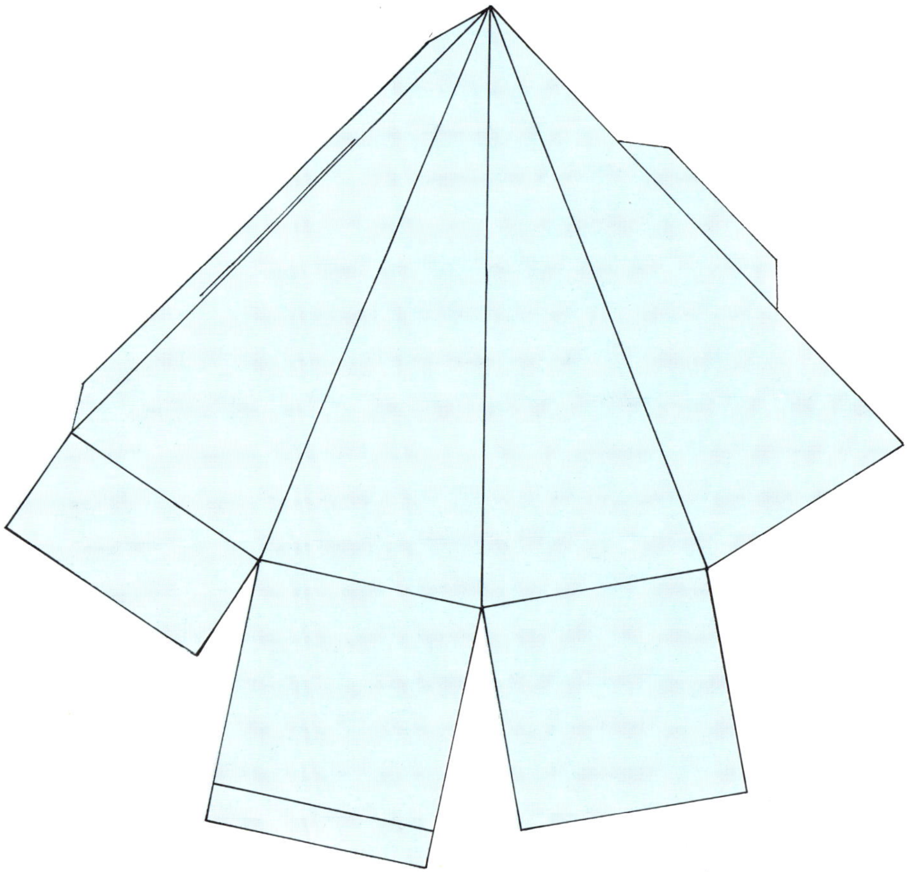

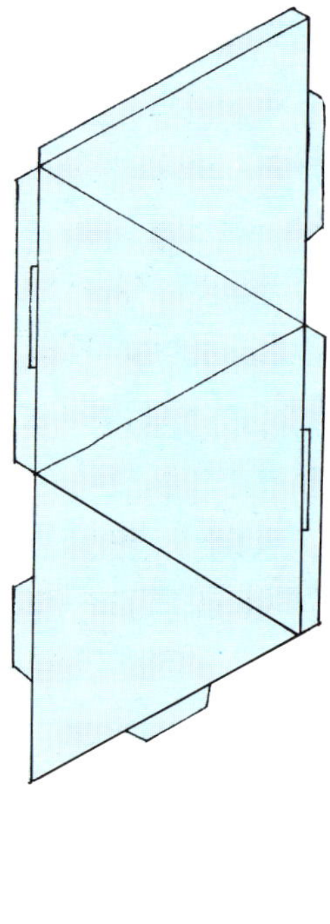

Fleur

Ce volume est relativement simple à réaliser mais il est d'un très bel effet et convient parfaitement pour présente des objets aux formes imprécises (foulards, etc.)

Matériel

Papier cartonné de couleur et compas.

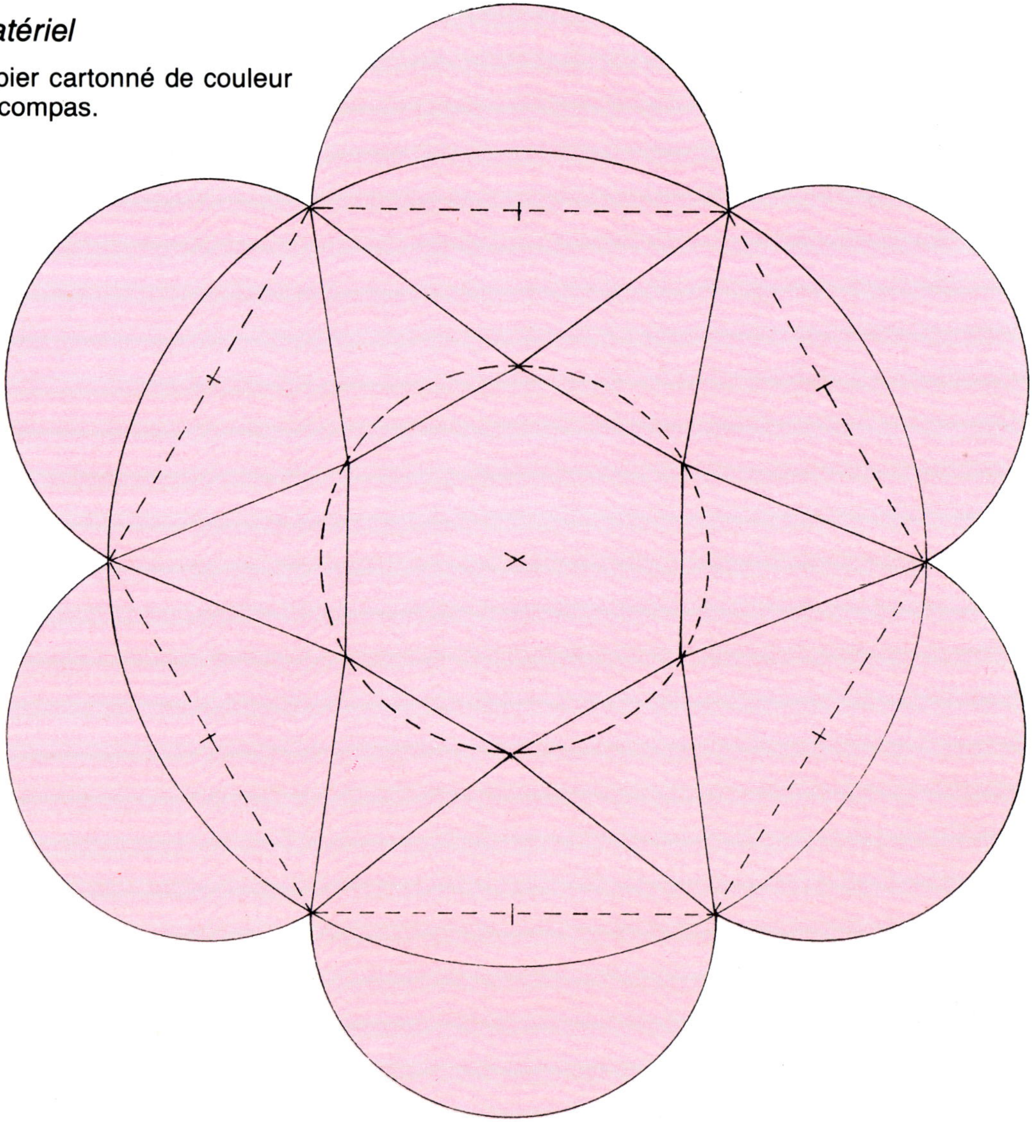

Boîtes transparentes

Les achats que vous faites sont souvent conditionnés dans des boîtes transparentes. Si vous les gardez précieusement elles vous serviront pour présenter vos cadeaux de façon amusante. Procurez-vous, par ailleurs, des confettis, des frisons, des boules de cotillon. Mettez tout cela dans la boîte transparente et noyez l'objet, dont vous voulez faire la surprise, au milieu. C'est parfait lors d'une fête (pour la Saint-Sylvestre, par exemple).
Vous pouvez aussi utiliser des céréales de couleur différente : sur une couche de grains de maïs posez le cadeau, ajoutez des lentilles brunes, ensuite des graines de tournesol noires et blanches.

Naturellement, les sels de bain conviennent également très bien ou bien encore des sables colorés. Gardez les petits éléments en polystyrène servant à protéger les emballages fragiles, ils pourront vous être utiles pour ce genre de cadeaux. Si vous faites appel à votre imagination la liste des matériaux est inépuisable.

Sucettes

Avec du matériel de récupération, en l'occurrence des boîtes à fromage en bois, nous vous proposons de dissimuler vos cadeaux dans des sucettes géantes ou encore dans des bonbons que vous réaliserez vous-même.

Matériel

— Boîte à fromage en bois.
— Baguette.
— Colle à bois.
— Cutter.
— Feutres ou peinture.
— Papier irisé (le papier utilisé par les fleuristes peut convenir).

Réalisation

Avec un cutter faites sur le bord de la boîte un petit trou carré de la même dimension que votre baguette. Enduisez une de ses extrémités avec de la colle à bois. Mettez la baguette en place et attendez qu'elle sèche. Peignez ensuite l'ensemble en blanc puis, avec des feutres ou de la gouache, dessinez le motif de la sucette. Placez votre cadeau dans la boîte et enveloppez celle-ci de papier irisé transparent. Pour la Saint-Sylvestre, vous pouvez présenter tous vos cadeaux ainsi (à condition qu'ils soient petits) ; ajoutez une petite étiquette sur chaque sucette avec le prénom de chacun et mettez-les dans un grand bocal. Pour la réalisation du bonbon il n'y a pas besoin de baguette, mais le principe est le même.

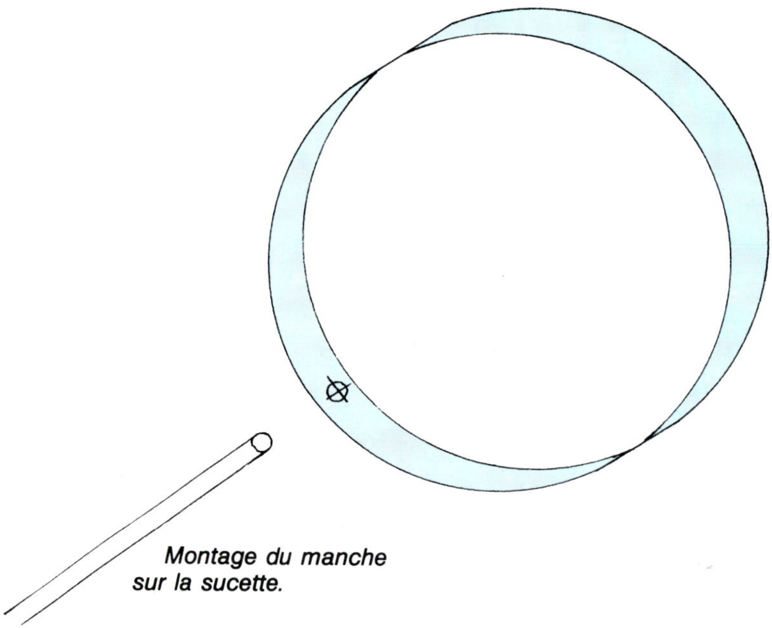

Montage du manche sur la sucette.

Boîtes en fer

De la même façon que nous vous avons conseillé de garder les boîtes transparentes, nous vous proposons de récupérer des boîtes en fer (souvent des boîtes à gâteaux).

Choisissez une couleur de fond et peignez la boîte. Utilisez de préférence de la peinture en bombe, c'est plus simple et plus rapide. Puis, faites un pochoir (nous donnons quelques exemples), mettez-le sur la boîte, et colorez-le en harmonie avec la couleur de fond. Ajoutez un ruban et vous avez deux cadeaux en un : le contenu de la boîte et la boîte elle-même

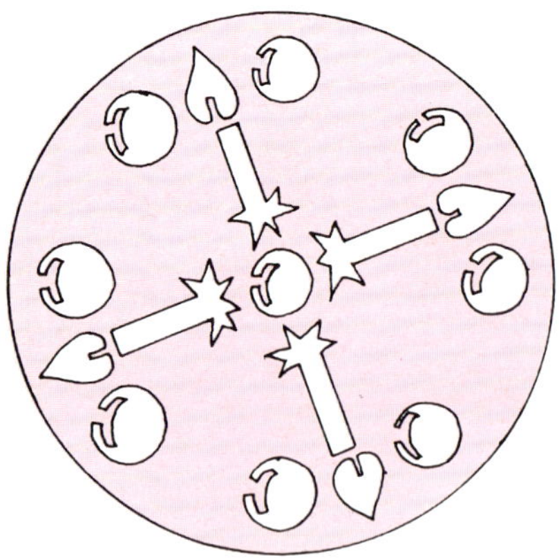

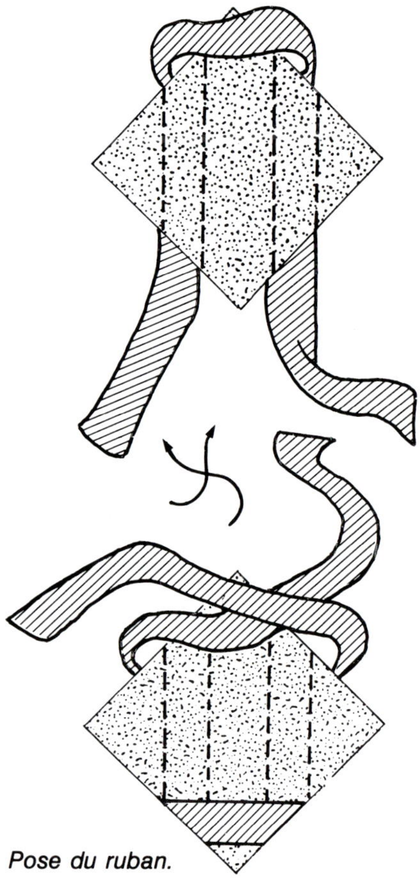

Pose du ruban.

Boîtes gigognes

On ouvre une boîte et l'on trouve une deuxième boîte qui, elle, contient une troisième boîte, laquelle contient une quatrième boîte et ainsi de suite. Quand trouvera-t-on enfin le cadeau ? De toute façon on gardera les boîtes !

Boîtes gigognes.
Ci-contre : vue de côté.
Ci-dessus : vue de dessus.

Verres et pailles

Si vous fréquentez les snack-bars récupérez les verres et les pailles.

Peignez-les en laissant libre cours à votre imagination, enveloppez-les avec du papier irisé et ornez la paille avec un gros nœud ou bien un nœud papillon très chic.

Ballons

Ce mode de présentation convient bien pour de petits objets. Procurez-vous des ballons de baudruche, vous trouverez de toutes sortes et de toutes couleurs. Vous pouvez utiliser aussi les ballons servant au tir qui sont petits et presque transparents, mais il en existe de plus gros, opaques, de couleur unie ou bien déjà décorés.

Gonflez une première fois le ballon pour que le plastique soit détendu. Introduisez alors l'objet dans le ballon. Attention : Faites-vous aider pour cette étape délicate, car seule, vous risqueriez de déchirer le ballon, gonflez celui-ci et nouez-le. Puis enveloppez le ballon dans un tulle de couleur, dans de la dentelle... et terminez par un nœud. Pour découvrir le cadeau, il faudra crever le ballon.

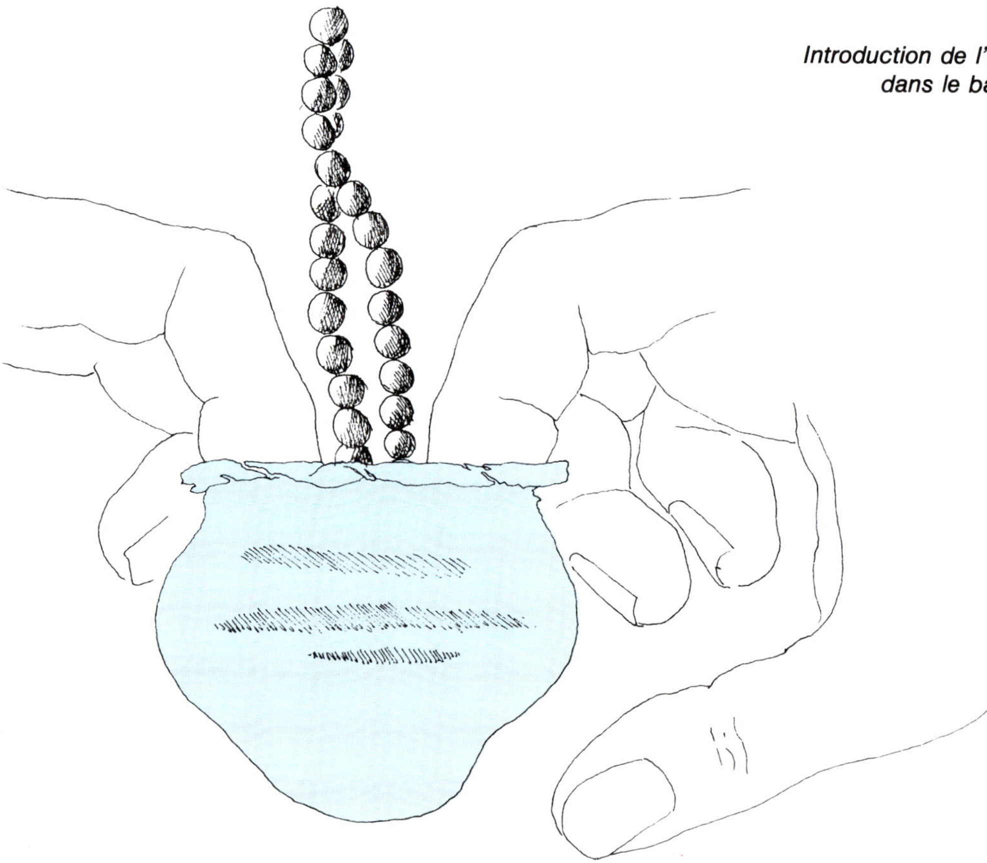

Introduction de l'objet dans le ballon.

Imprimé en Espagne
par Novograph à Madrid
Maquette et Photocomposition :
CB - Carpentier-Bachelet, Paris
Photographies des auteurs